THIS BOOK BELONGS TO:

____

____

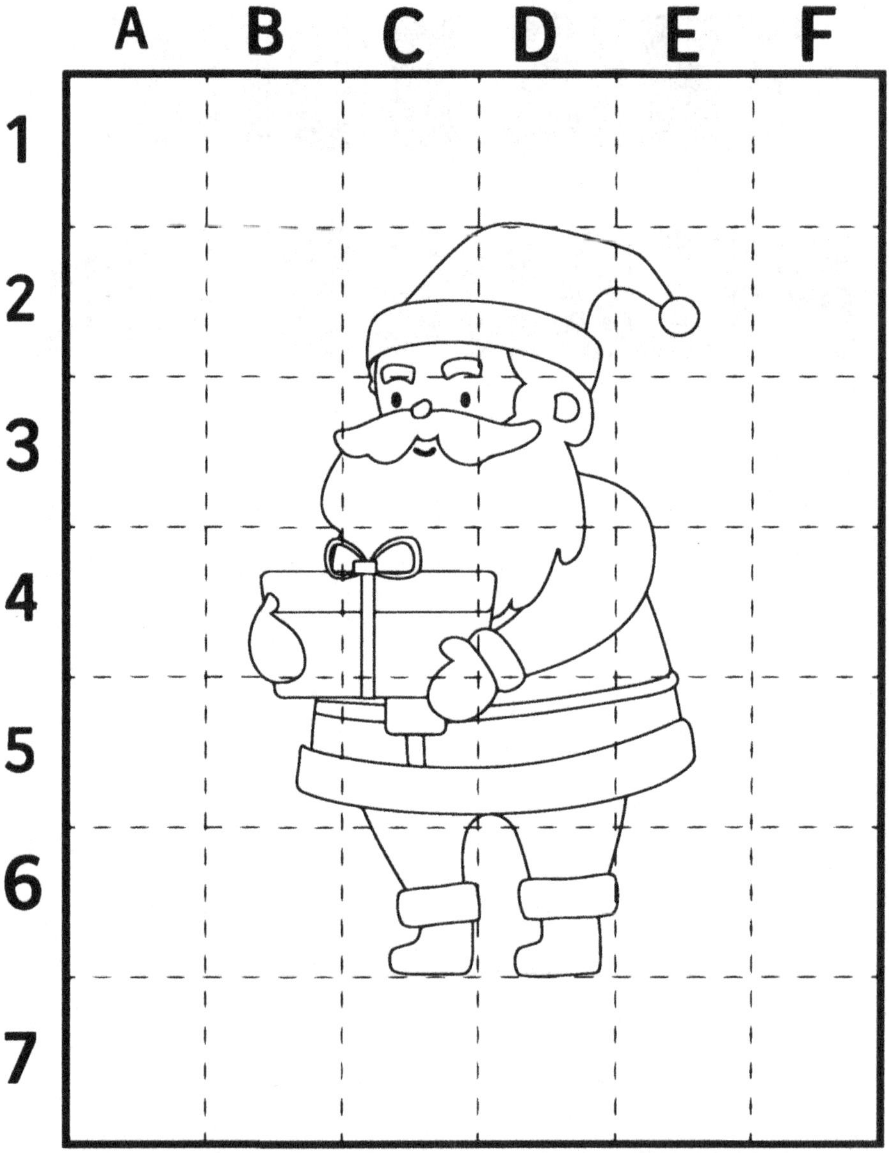
A
B
C
D
E
F
1
2
3
4
5
6
7

	A	B	C	D	E	F
1						
2						
3						
4						
5						
6						
7						

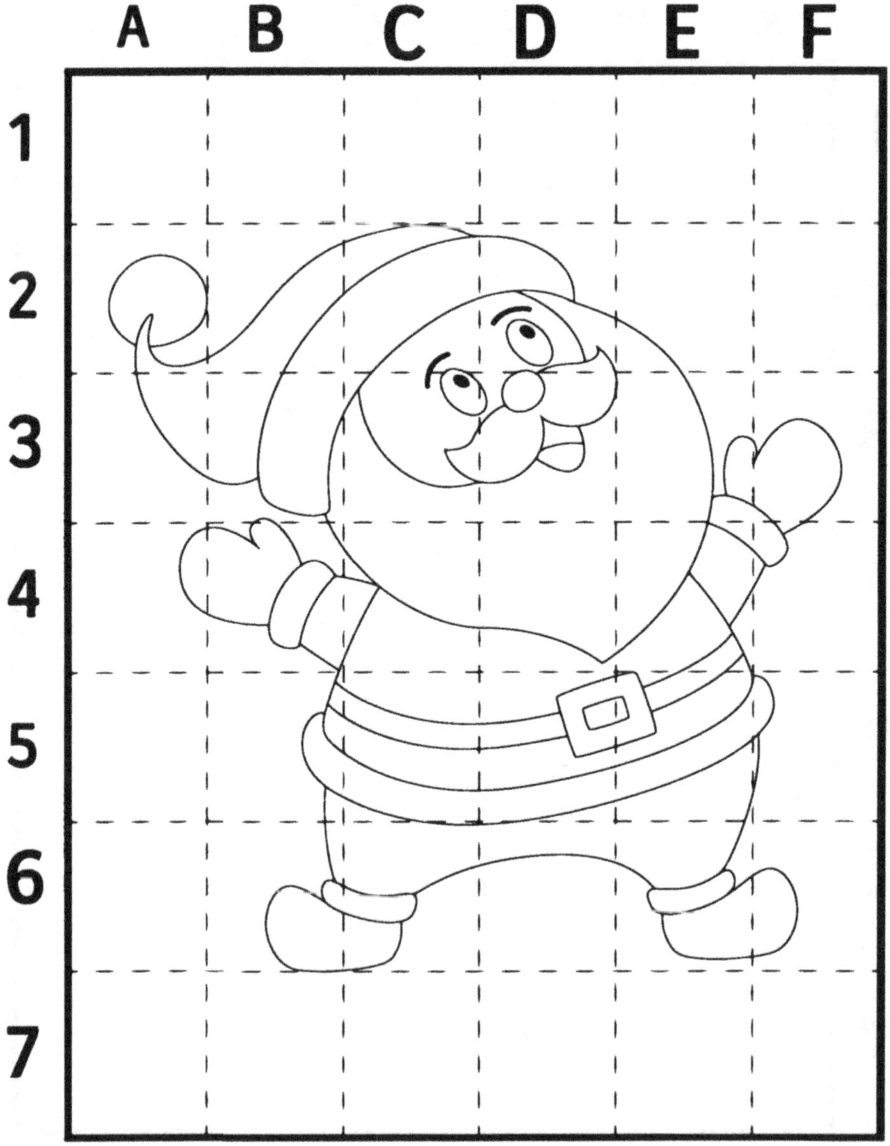
A
B
C
D
E
F
1
2
3
4
5
6
7

	A	B	C	D	E	F
1						
2						
3						
4						
5						
6						
7						

A B C D E F
1
2
3
4
5
6
7

	A	B	C	D	E	F
1						
2						
3						
4						
5						
6						
7						

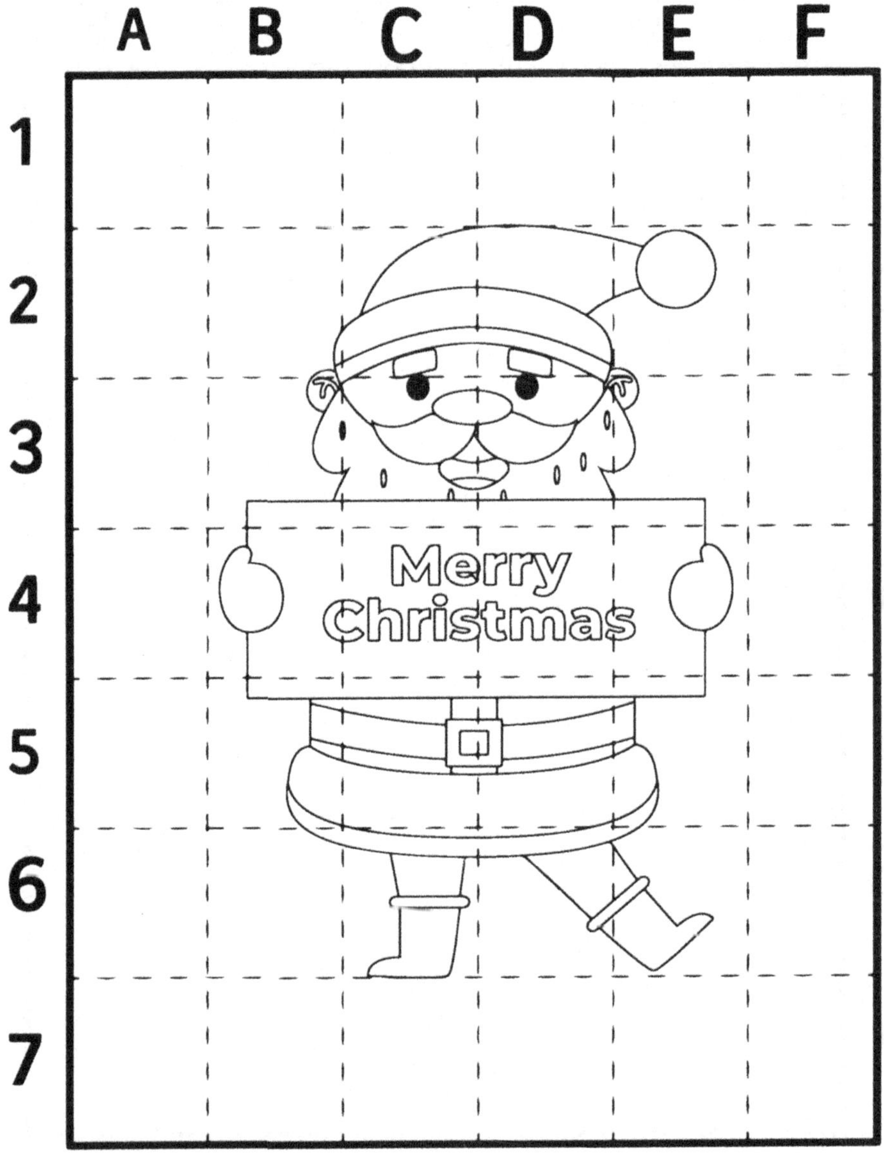
A
B
C
D
E
F
1
2
3
4
5
6
7
Merry
Christmas

	A	B	C	D	E	F
1						
2						
3						
4						
5						
6						
7						

A B C D E F

1 2 3 4 5 6 7

	A	B	C	D	E	F
1						
2						
3						
4						
5						
6						
7						

A
B
C
D
E
F
1
2
3
4
5
6
7

	A	B	C	D	E	F
1						
2						
3						
4						
5						
6						
7						

A
B
C
D
E
F
1
2
3
4
5
6
7

	A	B	C	D	E	F
1						
2						
3						
4						
5						
6						
7						

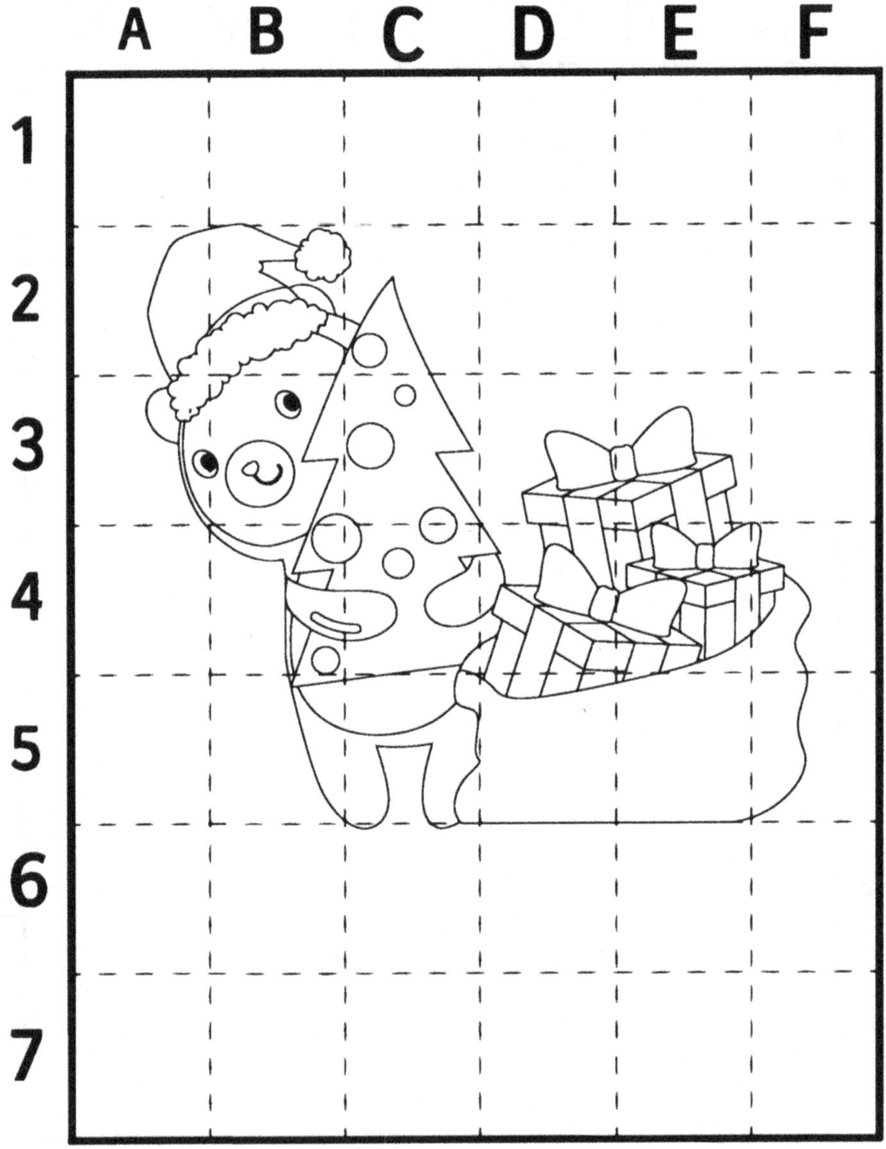
A B C D E F
1
2
3
4
5
6
7

	A	B	C	D	E	F
1						
2						
3						
4						
5						
6						
7						

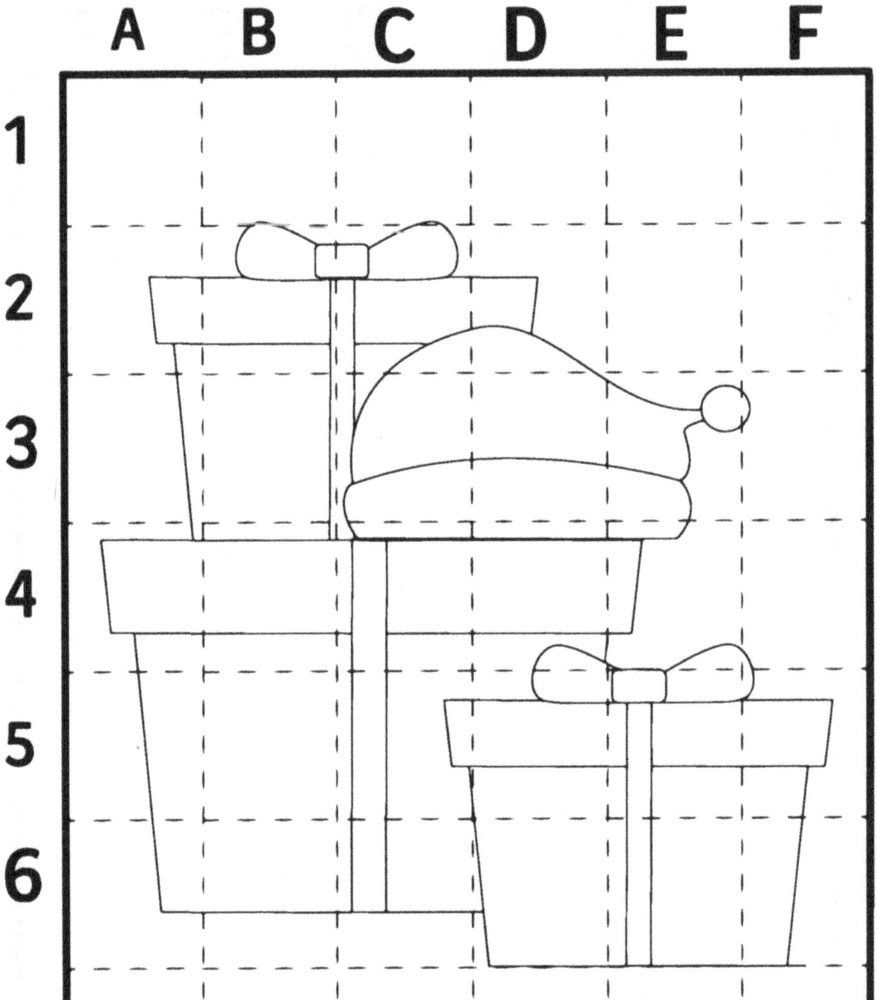
A
B
C
D
E
F
1
2
3
4
5
6
7

	A	B	C	D	E	F
1						
2						
3						
4						
5						
6						
7						

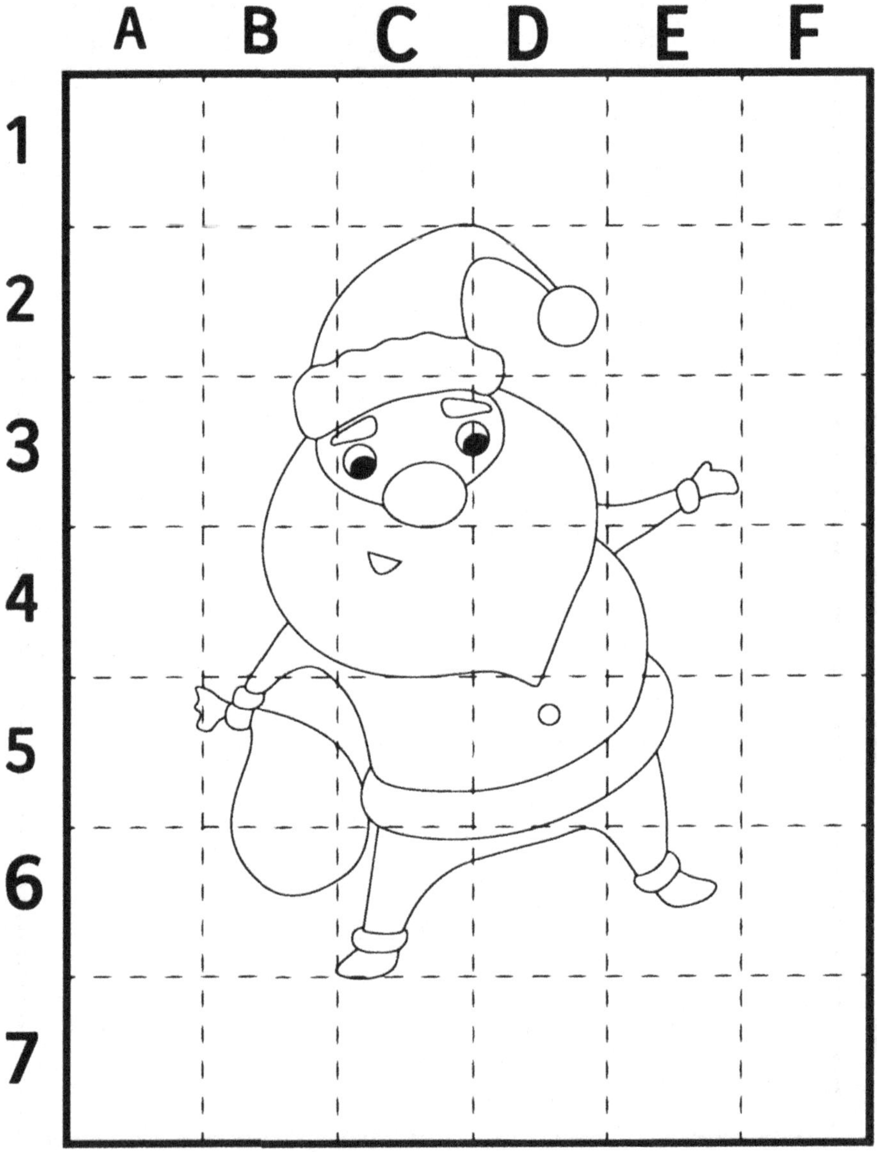
A B C D E F
1
2
3
4
5
6
7

	A	B	C	D	E	F
1						
2						
3						
4						
5						
6						
7						

A
B
C
D
E
F
1
2
3
4
5
6
7

	A	B	C	D	E	F
1						
2						
3						
4						
5						
6						
7						

A
B
C
D
E
F
1
2
3
4
5
6
7

	A	B	C	D	E	F
1						
2						
3						
4						
5						
6						
7						

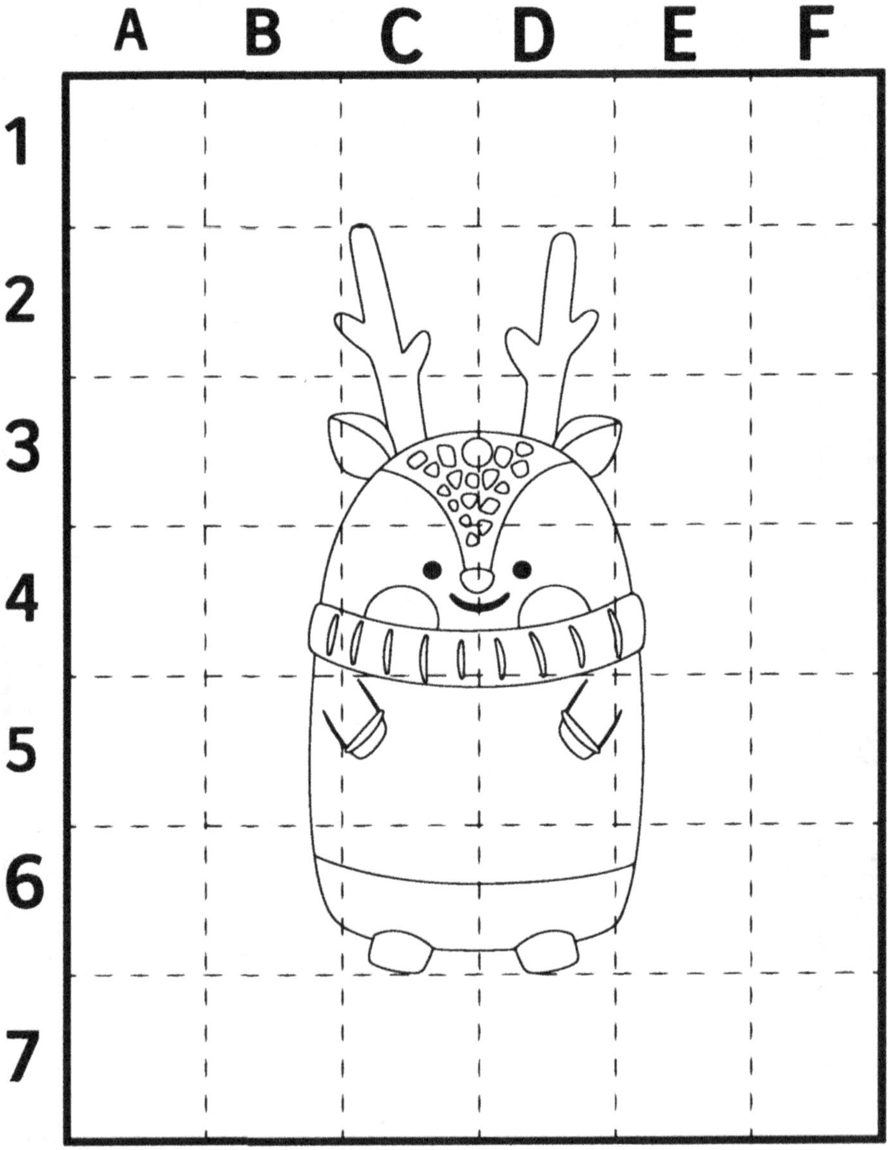
A
B
C
D
E
F
1
2
3
4
5
6
7

	A	B	C	D	E	F
1						
2						
3						
4						
5						
6						
7						

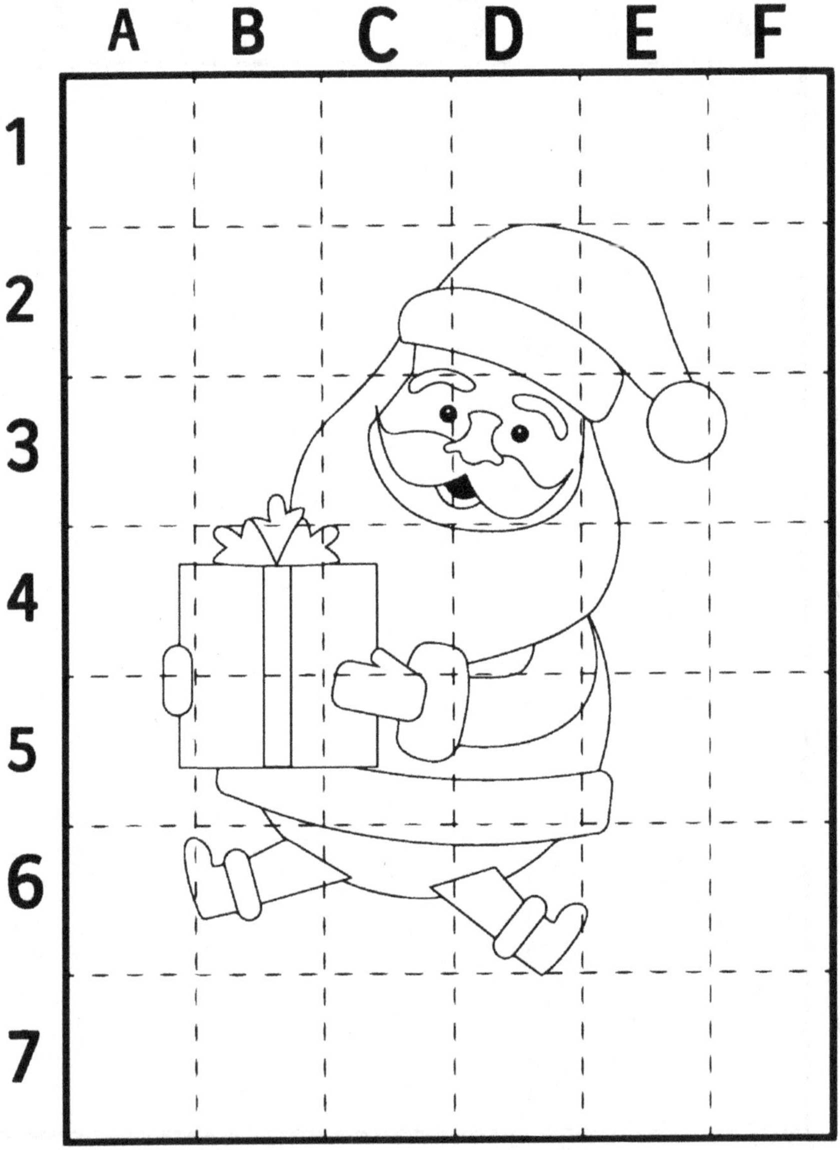
A B C D E F
1 2 3 4 5 6 7

	A	B	C	D	E	F
1						
2						
3						
4						
5						
6						
7						

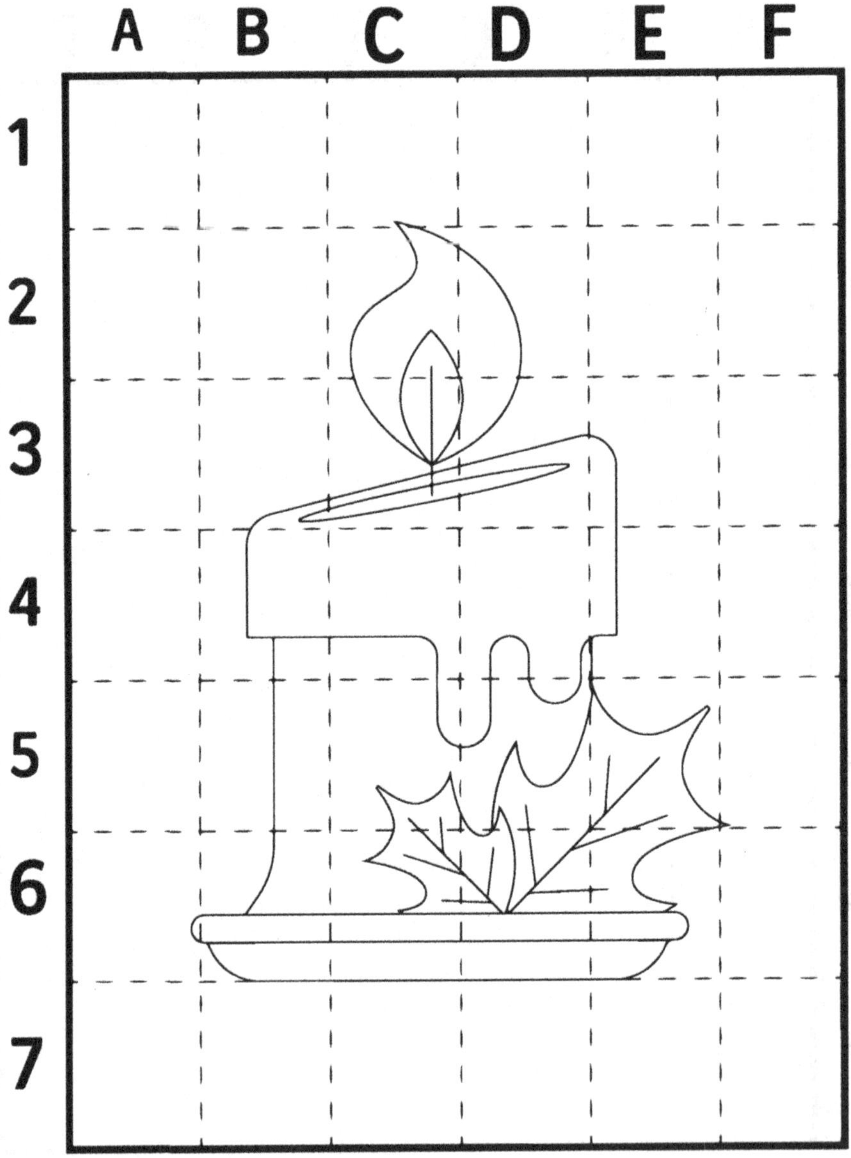

	A	B	C	D	E	F
1						
2						
3						
4						
5						
6						
7						

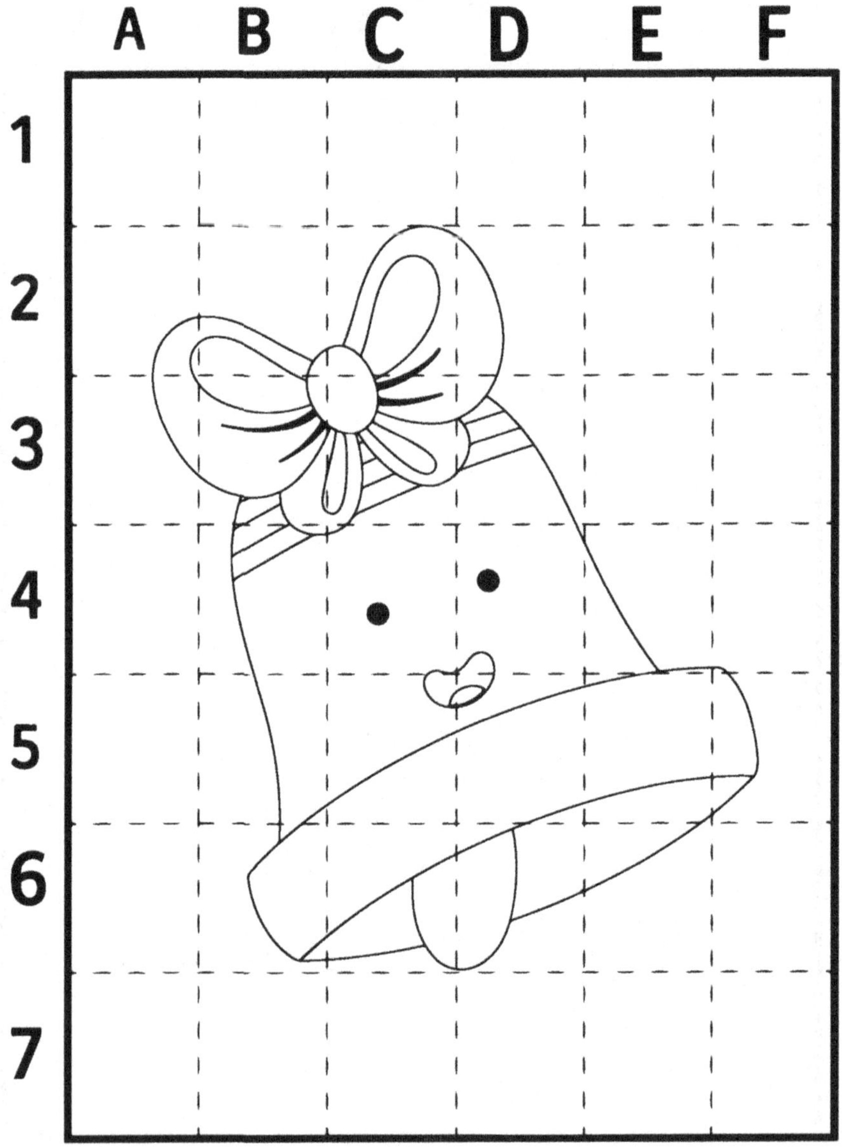
A B C D E F
1 2 3 4 5 6 7

	A	B	C	D	E	F
1						
2						
3						
4						
5						
6						
7						

	A	B	C	D	E	F
1						
2						
3						
4						
5						
6						
7						

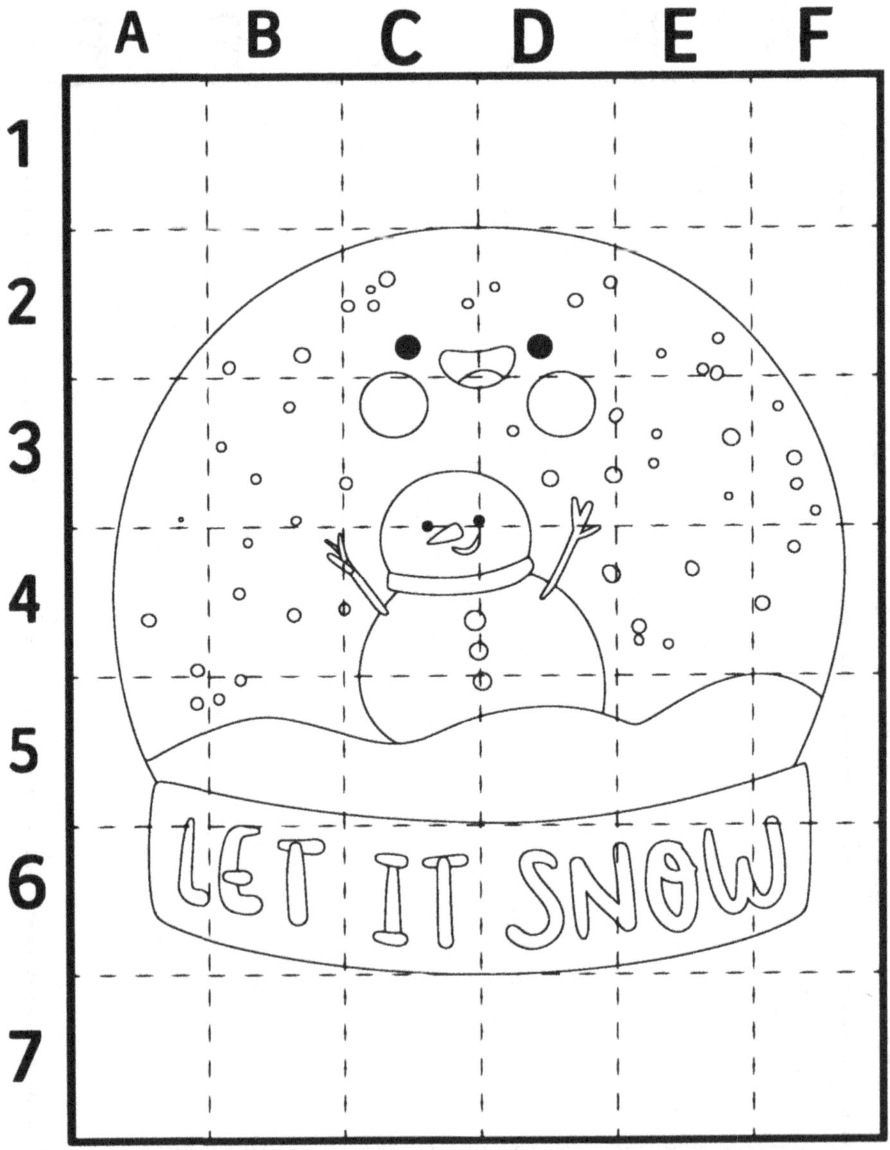
A B C D E F
1
2
3
4
5
6
7
LET IT SNOW

	A	B	C	D	E	F
1						
2						
3						
4						
5						
6						
7						

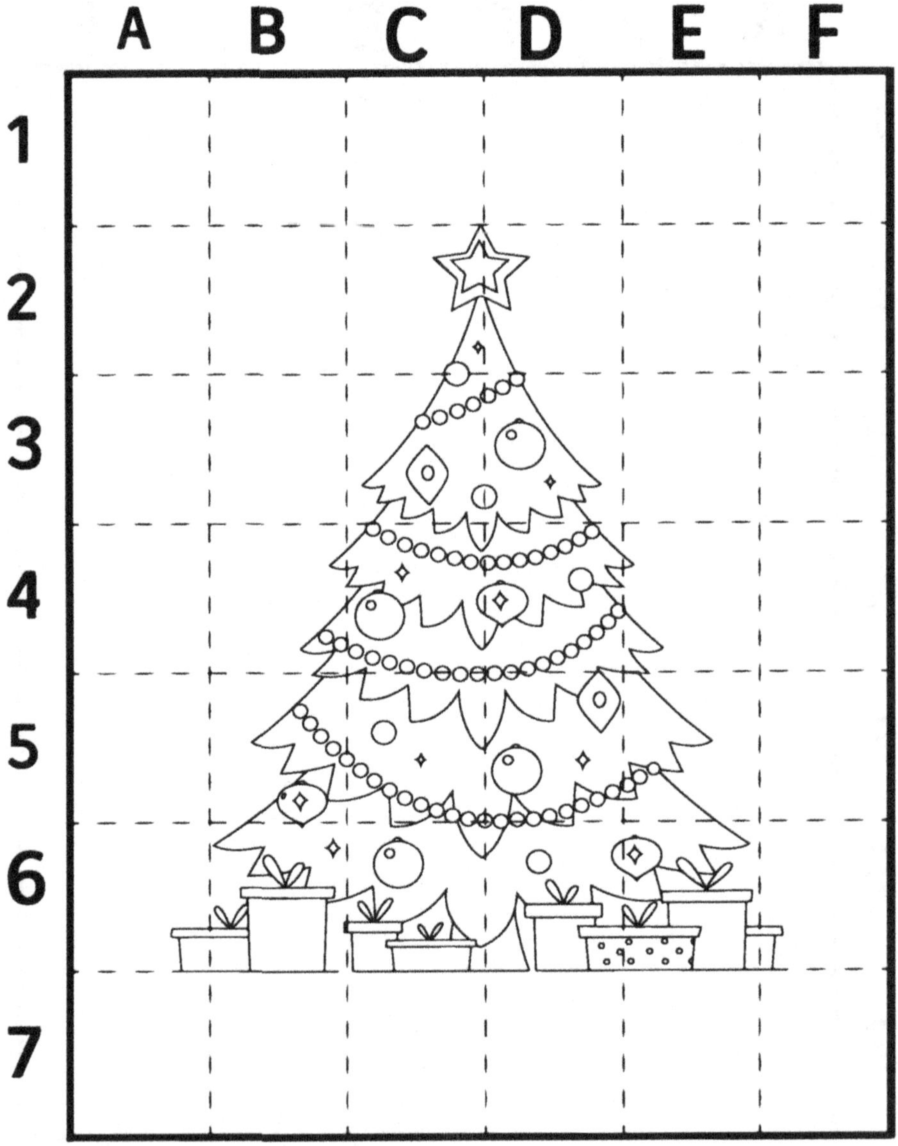
A B C D E F
1
2
3
4
5
6
7

	A	B	C	D	E	F
1						
2						
3						
4						
5						
6						
7						

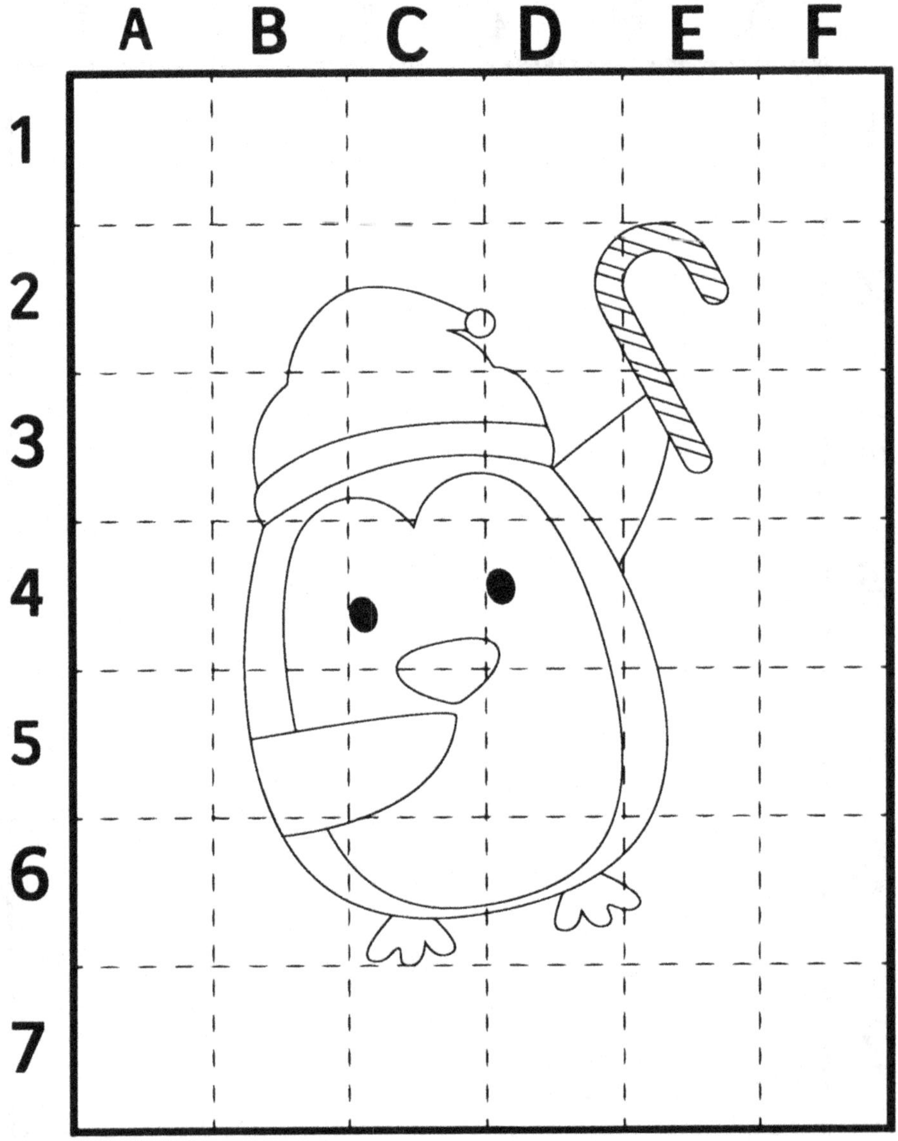
A B C D E F
1
2
3
4
5
6
7

	A	B	C	D	E	F
1						
2						
3						
4						
5						
6						
7						

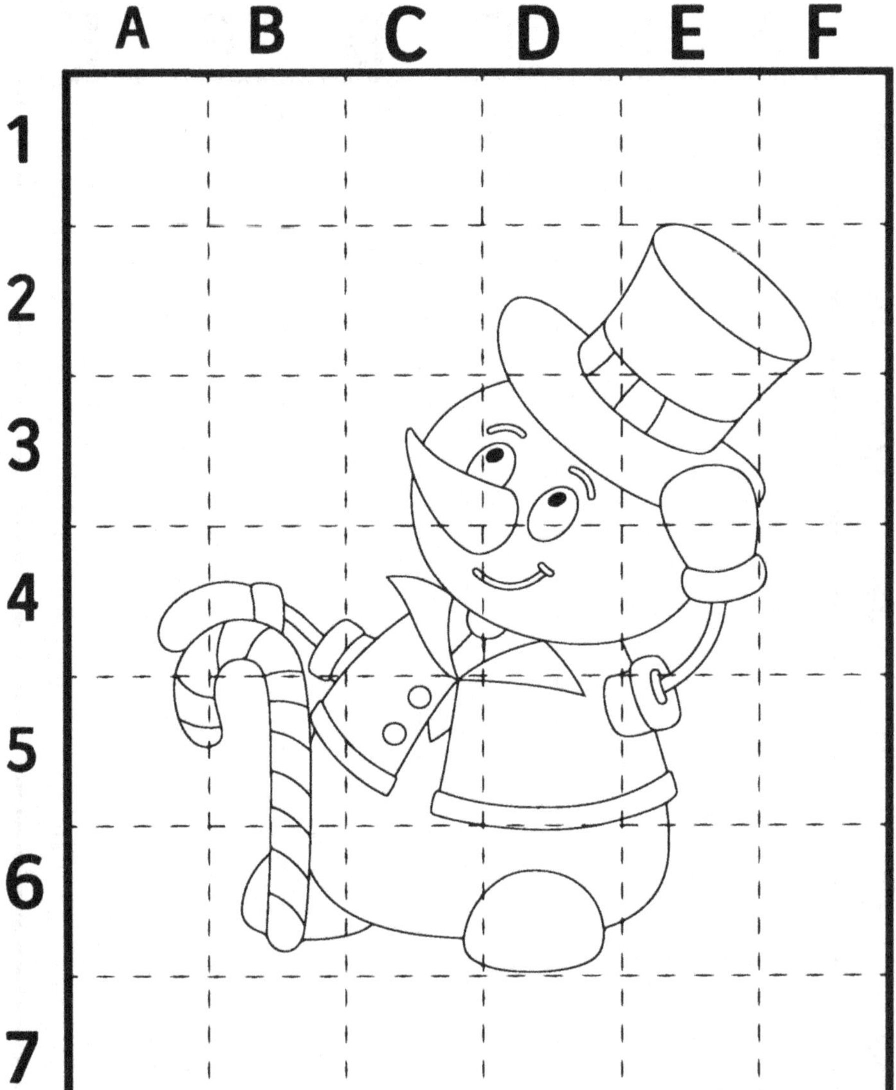
A B C D E F
1
2
3
4
5
6
7

	A	B	C	D	E	F
1						
2						
3						
4						
5						
6						
7						

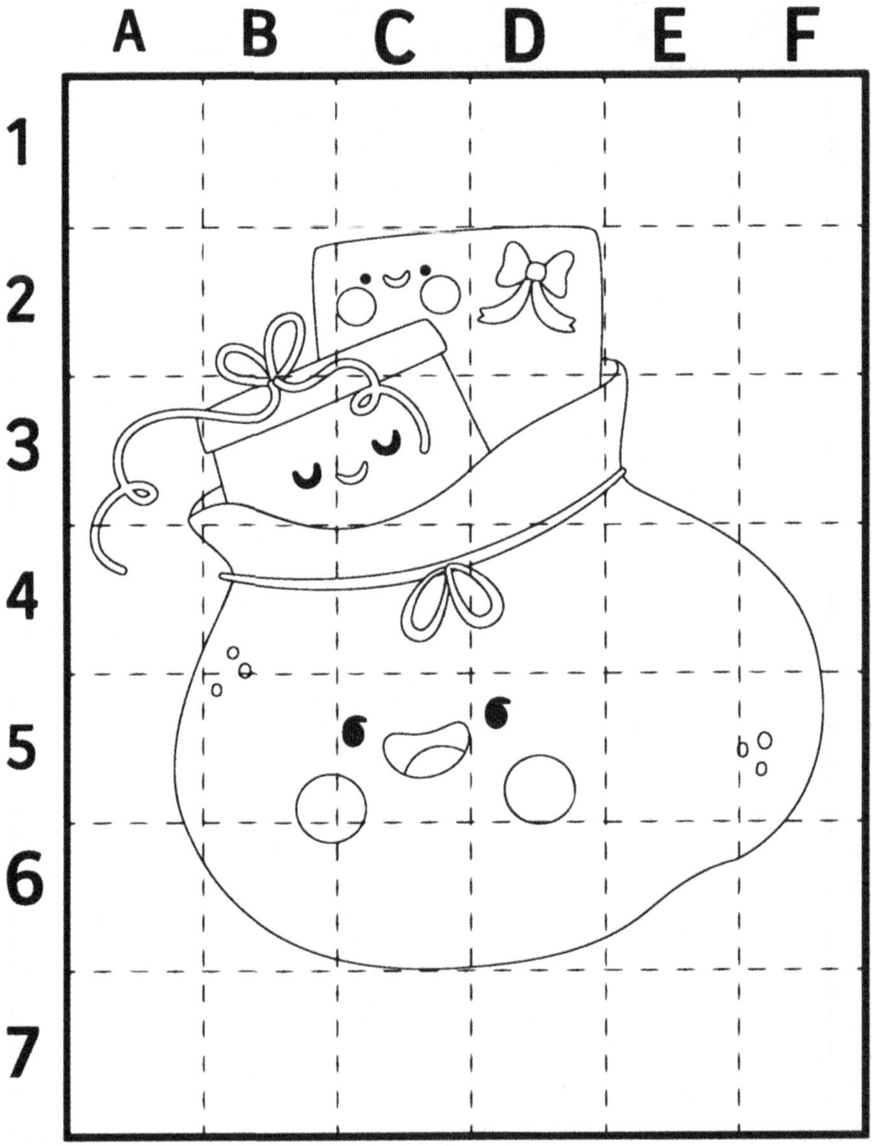
A B C D E F
1
2
3
4
5
6
7

	A	B	C	D	E	F
1						
2						
3						
4						
5						
6						
7						

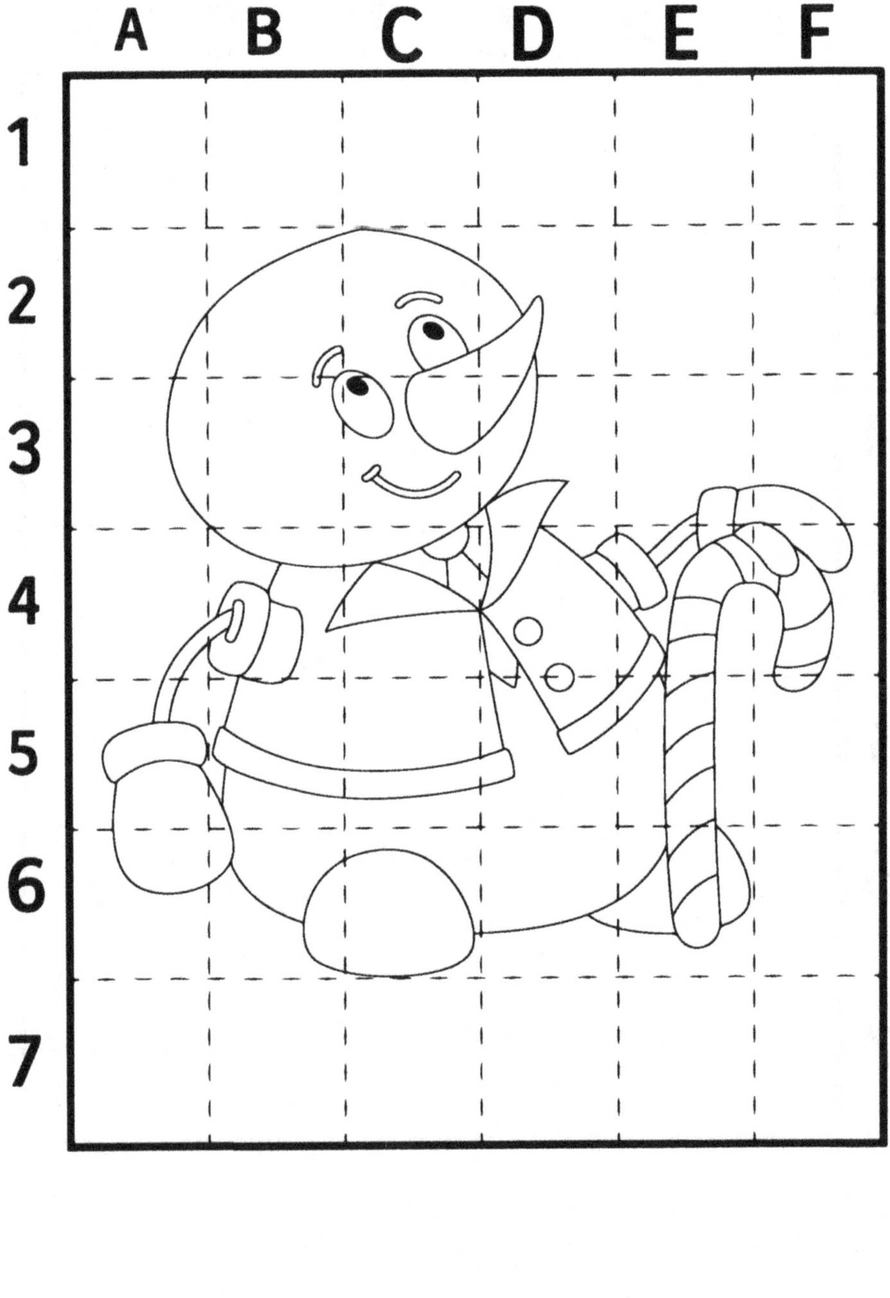
A B C D E F
1
2
3
4
5
6
7

	A	B	C	D	E	F
1						
2						
3						
4						
5						
6						
7						

Bonus Pages

1. Brown 2. Red 3. White

4. Green 5. Blue 6. Orange

SPOT 10 DIFFERENCES

1. Orange   2. Blue   3. Green

4. Red   5. Yellow   6. Violet

SPOT 10 DIFFERENCES

SPOT 10 DIFFERENCES

1. Green 2. Red 3. White 4. Pink

SPOT 10 DIFFERENCES

1. Brown 2. Pink 3. Yellow 4. Black

5. Green 6. White 7. Red 8. Blue

1. Green 2. Blue 3. White 4. Brown

5. Yellow 6. Red 7. Pink 8. Black

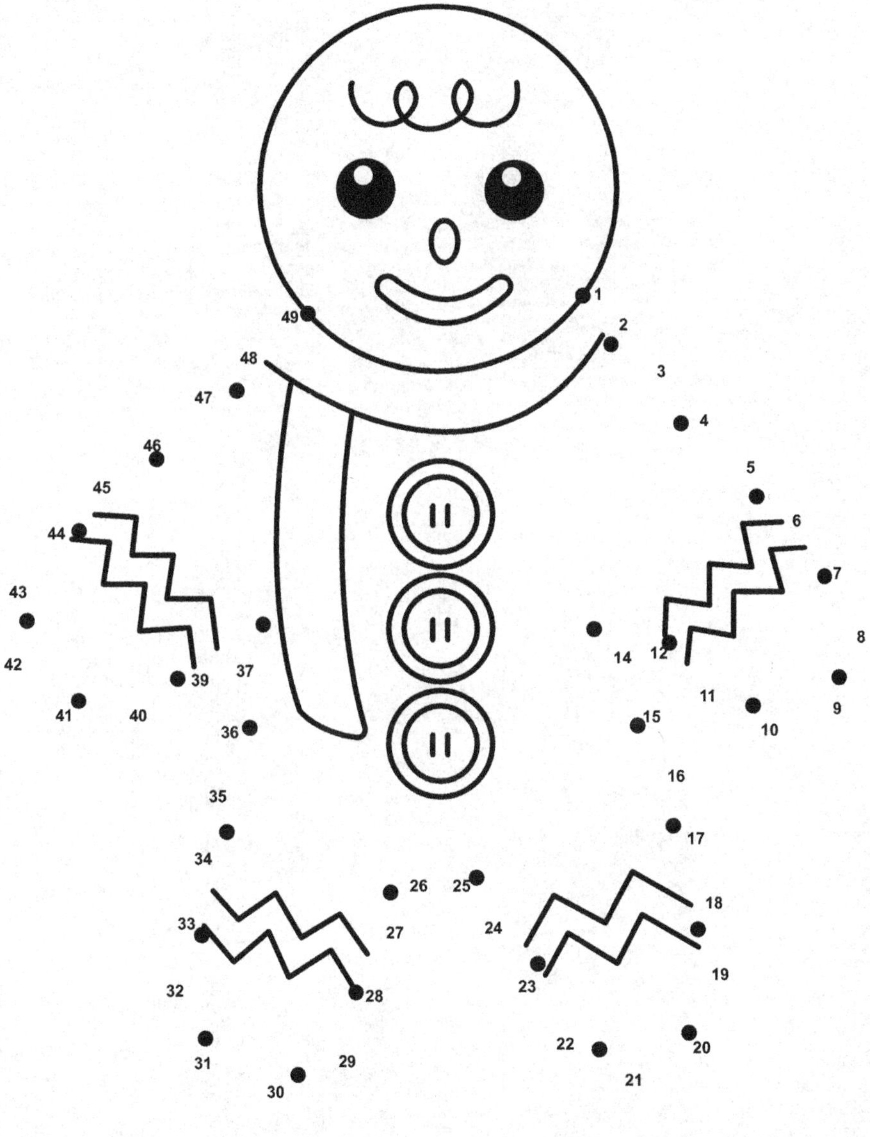
1
2
3
4
5
6
7
8
9
10
11
12
14
15
16
17
18
19
20
21
22
23
24
25
26
27
28
29
30
31
32
33
34
35
36
37
39
40
41
42
43
44
45
46
47
48
49

SPOT 10 DIFFERENCES

1
2
3
4
5
6
7
8
9
10
11
12
13
14
15
16
17
18
19
20
21
22
23
24
25
26
27
28
29
30
31
32
33
34
35
36

1
2
3
4
5
6
7
8
9
10
11
12
13
14
15
16
17
18
19
20
21
22
23
24
25
26
27
28
29
30
31
32
33
34
35
36
37
38
39
40
41
42
43
44
45
46
47
48
49

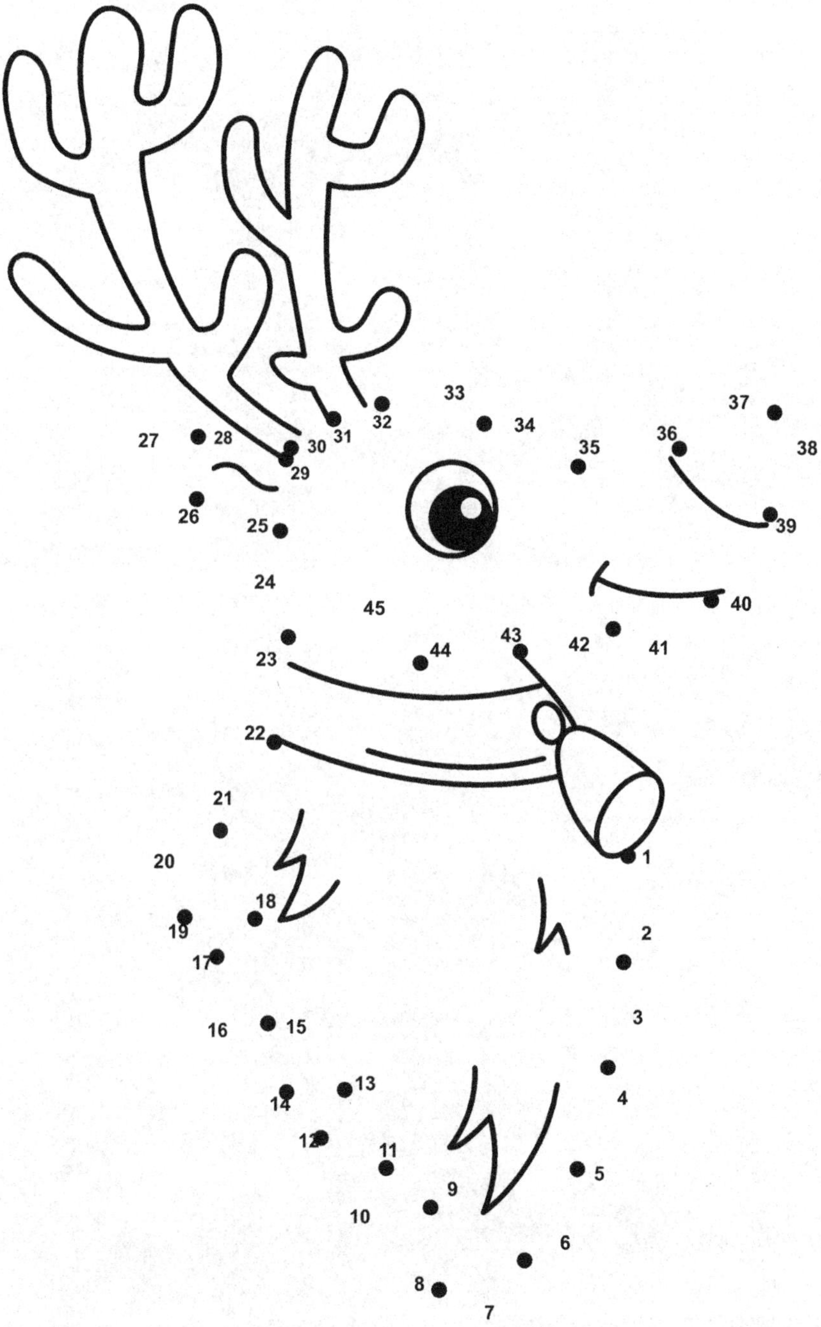

1
2
3
4
5
6
7
8
9
10
11
12
13
14
15
16
17
18
19
20
21
22
23
24
25
26
27
28
29
30
31
32
33
34
35
36
37
38
39
40
41
42
43
44
45

SPOT 10 DIFFERENCES

1
2
3
4
5
6
7
8
9
10
11
12
13
14
15
16
17
18
19
20
21
22
23
24
25
26
27
28
29
30
31
32
33
34
35
36
37
38
39
40
41
42
43
44
45
46
47

SPOT 10 DIFFERENCES

1. Red 2. Yellow 3. Violet

5. Orange 6. Green 7. Brown

Made in the USA
Las Vegas, NV
01 December 2024

13087963R00066